진실일까? 거짓일까?

세계의 수수께끼

OX 퀴즈

글
거짓진실조사단

그림
타다 유키히로

옮김 김은주

시작이야~

밝은미래

이 멋진 책이 어떻게 만들어졌는지 이야기해 줄게.

어떤 마을에

세모(△), 오(O), 엑스(X), 삼 형제가 있었어.

빙수 시럽은 전부 같은 맛이래.

세모의 자유 선택 과제란?

진짜 큰일이야!

9

이 책을 즐기는 법

이렇게 한번 읽어 봐!

1 삼 형제의 오엑스(OX) 조사를 지켜봐!

세모가 풀고 싶어 하는 수수께끼는 60개야.
긴 여행이 될 것 같아. 늘 싸움만 하던 삼 형제가
조사를 잘 할 수 있을지 지켜봐 줘.
수수께끼 목록은 차례에 쓰여 있어.
처음부터 읽어도 좋고,
궁금한 것부터 읽어도 괜찮아.

2 수수께끼의 진실에 대해 생각해 봐!

수수께끼를 찾은 오(O)와 엑스(X)는
서로 의견을 주고받을 거야.
진실이라 생각하는 오(O)와
거짓이라 생각하는 엑스(X) 중
어느 쪽이 맞을지
생각해 보렴.

3 다음 쪽에서 정답을 확인해 봐!

수수께끼의 정답은 책장을 넘기면 알 수 있어.
때때로 진실이면서 거짓이기도 한 세모(△)도
있지만, 이 또한 수수께끼의 재미야.
진실과 거짓이 명확하지 않은 지식도
즐겨 보렴.

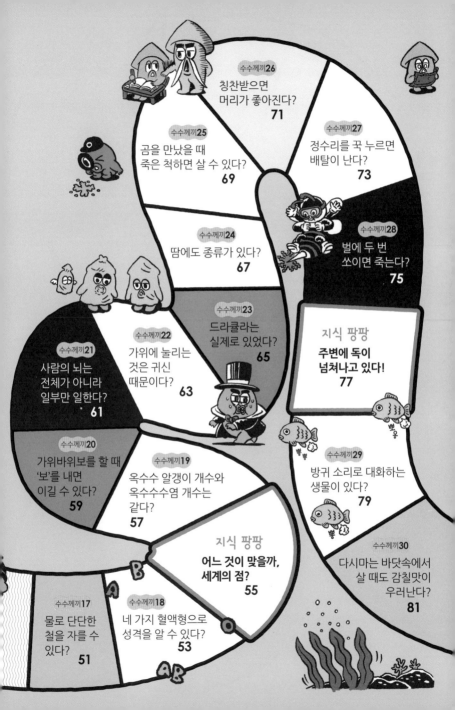

수수께끼26
칭찬받으면
머리가 좋아진다?
71

수수께끼25
곰을 만났을 때
죽은 척하면 살 수 있다?
69

수수께끼27
정수리를 꾹 누르면
배탈이 난다?
73

수수께끼24
땀에도 종류가 있다?
67

수수께끼28
벌에 두 번
쏘이면 죽는다?
75

수수께끼23
드라큘라는
실제로 있었다?
65

수수께끼22
가위에 눌리는
것은 귀신
때문이다?
63

수수께끼21
사람의 뇌는
전체가 아니라
일부만 일한다?
61

지식 팡팡
주변에 독이
넘쳐나고 있다!
77

수수께끼20
가위바위보를 할 때
'보'를 내면
이길 수 있다?
59

수수께끼19
옥수수 알갱이 개수와
옥수수수염 개수는
같다?
57

수수께끼29
방귀 소리로 대화하는
생물이 있다?
79

지식 팡팡
어느 것이 맞을까,
세계의 점?
55

수수께끼30
다시마는 바닷속에서
살 때도 감칠맛이
우러난다?
81

수수께끼17
물로 단단한
철을 자를 수
있다?
51

수수께끼18
네 가지 혈액형으로
성격을 알 수 있다?
53

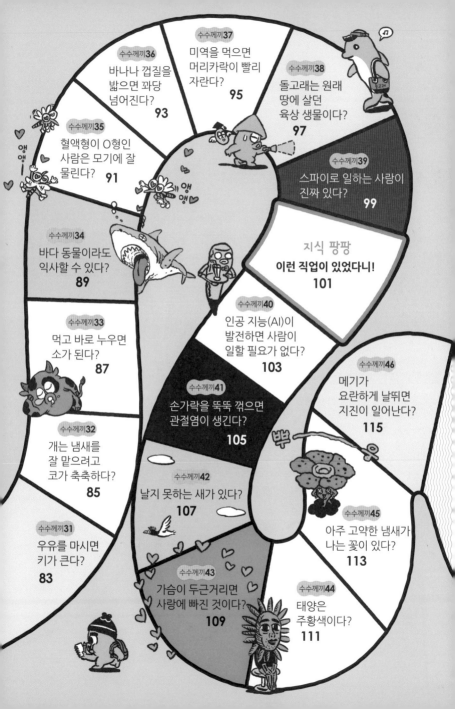

방귀에 불이 붙으면
폭발한다?

방귀는 가스레인지의 가스와
같은 냄새가 나니까 불이
붙으면 폭발할 거야.

진실(O)

몸속에서 그런 위험한 게
만들어질 리 없으니까
방귀는 폭발하지
않을 거야.

거짓(X)

진실 이!

방귀에는 수소나 메탄처럼 불에 잘 타는 가스가 들어 있다. 그러니까 불 근처에서 방귀를 뀌면 폭발할 수도 있다. 수술 중, 방귀와 레이저가 만나 불이 붙어서 환자가 큰 화상을 입은 사고도 있었다고 한다. 방귀가 얼마나 잘 타는지는 체질이나 먹은 음식에 따라 달라진다.

하나 더!

고기나 생선 같은 동물 단백질이나 마늘을 먹으면 방귀 냄새가 심해져.

18

어두운 곳에서 책을 읽거나 게임을 하면 눈이 나빠진다?

진실일까, 거짓일까?

어두운 곳에서는 책이나 화면이 잘 보이지 않아. 아마 어둠 때문에 눈이 나빠진 걸 거야.

진실 (O)

밤에 별을 보면 괜찮은데, 책을 보거나 게임을 하면 눈이 나빠진다는 건 이상해.

거짓 (X)

거짓 X!

어두운 곳에서 책을 읽거나 게임을 하면 눈이 나빠진다는 의학적 근거는 없다. 그러나 어두운 곳에서는 눈의 동공이 커지고, 책이나 화면을 가까이서 보면 동공이 작아진다. 눈의 근육이 늘었다 줄었다를 반복하면 눈이 피로해지므로, 눈에 좋지는 않다.

하나 더!

녹색을 보면 눈이 편안해지지만, 더 좋아지지는 않아.

지구에서 가장 큰 생물은
고래다?

배보다 더 큰 고래가 있대.
하지만 그보다 더 큰 생물은
들어본 적이 없어.

진실(O)

옛날에는 몸길이가 ㅂ0미터인
공룡도 있었으니까,
고래보다 더 큰 생물도
있을 거야.

거짓(X)

거짓 X!

지구에서 가장 큰 생물은 미국 오리건주에서 자라는 잣뽕나무버섯이다. 같은 유전자를 가진 하나의 잣뽕나무버섯이 약 8.9제곱킬로미터를 덮고 있다. 축구장 1,246개 정도의 크기이다. 지구에서 가장 큰 동물인 흰긴수염고래의 몸길이가 30미터 정도이므로, 잣뽕나무버섯의 승리이다.

하나 더!

잣뽕나무버섯은 찌개에 넣거나 버터를 발라 살짝 튀겨 먹어.

풍선으로
하늘을 날 수 있다?

진실일까, 거짓일까?

풍선에서 손을 떼면 위로 날아가니까, 풍선이 많다면 한 사람 정도는 날 수 있을 거야.

진실 (O)

놀이공원에서 풍선을 잔뜩 들고 있는 피에로를 봤는데, 날기는커녕 꿈쩍도 하지 않았어.

진실 O!

2020년 9월, 미국의 데이비드 블레인 씨가 52개의 헬륨 풍선을 이용해 하늘을 나는 위험천만한 도전에 성공했다. 블레인 씨는 헬륨 가스를 채운 약 2.4미터 크기의 큰 풍선 42개와 약 1.2~1.8미터 크기의 작은 풍선 10개에 매달려 해발 약 7.6킬로미터 높이까지 날아올랐다.

하나더!

헬륨 가스는 공기보다 가벼워서 풍선을 하늘 높이 뜨게 해.

개가 꼬리를 흔들면
기분이 좋다는 뜻이다?

살랑살랑 살랑살랑

진실일까, 거짓일까?

개에게 간식을 줬을 때 꼬리를
흔들었어. 기분이 좋을 때
꼬리를 흔드는 거야.

진실(○)

꼬리를 흔든다고 꼭 기분이
좋다고는 할 수 없어.
화가 났을 때도
흔들었어.

거짓(○)

거짓 X!

살랑살랑 살랑 살랑

개는 꼬리로 기분이나 마음을 나타낸다. 그러나 꼬리를 흔든다고 무조건 '기쁘다'는 뜻은 아니다. 꼬리를 흔드는 모양이나 방향, 빠르기 등에 따라서 뜻이 달라진다. 예를 들어, 꼬리를 몸의 오른쪽으로 흔들면 반갑다는 뜻이고, 왼쪽으로 흔들면 경계한다는 뜻이라고 한다.

하나 더!

고양이가 꼬리를 곧게 세우고 다가오면 기분이 좋다는 뜻이야.

운석에 맞는 것보다
복권 당첨이 더 어렵다?

진실일까, 거짓일까?

운석이 떨어졌다는 뉴스는
들어봤지만, 복권 당첨에 대한
뉴스는 거의 못 들었어.

진실(O)

복권은 숫자를 예측하고
추첨에서 뽑히면 되는 거잖아.
복권 당첨이 더
쉬울 것 같아.

27

진실 O!

매주 추첨하는 '로또 복권'에서 6개 번호가 모두 일치해 1등에 당첨될 확률은 약 814만 5060분의 1이다. 운석에 부딪힐 확률이 약 160만 분의 1이므로, 복권에 당첨되는 것이 더 어렵다. 또한 당첨 결과를 바로 확인하는 '즉석 복권'조차도 1등에 당첨될 확률이 400만 분의 1 정도이다.

하나 더!

전 세계 복권 당첨금 가운데 가장 높은 금액은 약 2조 7천억 원이래.

운동 능력은
태어날 때부터 정해져 있다?

진실일까, 거짓일까?

운동선수는 부모님도
운동선수인 경우가 많아.
그러니까 운동 신경은
부모에게 물려받는 거야.

진실 (O)

연습하면 빨리 달릴 수 있어.
그러니까 태어날 때부터
운동 능력이 정해져
있는 건 아니야.

거짓 (X)

운동 능력은 자신의 몸을 뜻대로 움직일 수 있는 능력으로, 부모의 운동 습관이나 근육이 잘 생기는 정도 등 유전에 영향을 받는 부분도 있지만, 어릴 때 운동함으로써 단련된다. 따라서 태어날 때부터 정해져 있는 것은 아니다. 어렸을 때 운동을 하면, 누구나 운동을 잘 가능성이 있다.

하나 더!

운동하면 뇌에 산소와 영양소가 잘 공급되어 기억력이 좋아져.

30

바다에 벼락이 치면
물고기도 감전된다?

진실일까, 거짓일까?

바닷물은 전기가 잘 통해.
직접 벼락을 맞지 않아도
바닷속에 있는 물고기는
감전될 거야.

진실(○)

물고기가 감전되면 구이가
될 거야. 하지만 바닷속에서
생선구이 같은 걸
본 적이 없어.

거짓 X!

바다에 벼락이 떨어져도 물고기가 감전되는 일은 거의 없다. 왜냐하면 벼락의 전기는 바다 표면을 따라 흐를 뿐 바닷속까지는 흐르지 않는다. 또한 바다는 매우 넓어서 전기의 힘이 흩어지며 약해진다. 하지만 물고기가 바다 표면 가까이에 있거나, 벼락에 직접 맞으면 감전될 수 있다.

하나더!

전기가오리나 전기뱀장어 등은 전기를 만들어서 몸을 지켜.

하늘에서 물고기 비가 내렸다!

새끼 물고기처럼 작은 물고기가 많은 것 같다.

어떤 도시에서 물고기가 비처럼 내렸다는 이야기를 들었다.

커다란 천둥소리가 들려 밖을 봤더니, 세찬 비와 함께 하늘

에서 물고기가 쏟아져 내려왔다고 한다.

콩의 설명에 따르면, 회오리바람이나 돌풍에 의해 공중으로

휩쓸려 올라간 물고기들이 비가 내릴 때 땅으로 떨어진 거라

고 한다. 이런 일을 '동물비'라고 부르는데, 세계 곳곳에서

일어난다고 한다.

방학 **6** 일째

조사자 **오 (O)**

하늘에서 이런 것도 떨어졌어.

화살촉

일본에서는 화살 끝에 대는 뾰족한 돌인 '화살촉'이 옛날부터 자주 떨어졌어. 그래서 이 돌을 '어디선지 모르게 날아오는 돌팔매'라고도 불러. 맞으면 위험하니까 조심해!

수수께끼 금속

페루에서는 정체를 알 수 없는 4개의 금속 덩어리가 떨어졌어. 유에프오(UFO)로 보이는 비행 물체가 이것들을 떨어뜨리는 걸 찍은 동영상도 있다고 해.

붉은 비

인도에서는 피처럼 붉은 비가 내렸어. 전문가들은 해조류의 포자가 섞여서 붉게 보였다고 추측했지만, 아직 정확하게 밝혀지지 않았어.

> 붉은 비가 내려.

> 허걱!!

동물비의 원인은 회오리바람 설, 새가 떨어뜨렸다는 설, 누군가 일부러 장난을 쳤다는 설 등 여러 가지 추측이 있지만, 아직 명확하게 밝혀지지는 않았다.

아름다운 무지개는
일곱 가지 색이다?

진실일까, 거짓일까?

무지개 그림은 일곱 가지 색으로 그려져 있어. 그렇게 칠한 걸 보면 분명히 일곱 가지 색이야.

진실 (○)

무지개의 색을 세어 봤는데, 일곱 가지가 아니었어. 그림에서만 일곱 가지 색인 거야.

거짓 (○)

진실이면서 거짓, 세모 △!

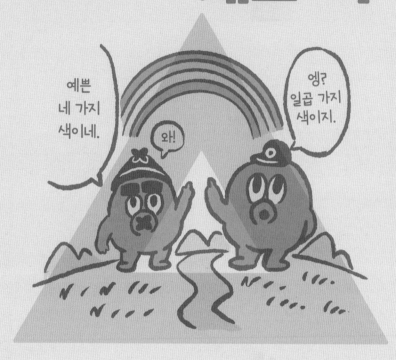

무지개색은 나라마다 다르게 느낀다. 우리나라와 일본 등에서는 빨강, 주황, 노랑, 초록, 파랑, 남색, 보라의 7가지 색으로, 미국이나 영국에서는 남색을 뺀 6가지 색으로, 독일에서는 빨강, 노랑, 파랑, 검정, 회색의 5가지 색으로 느낀다. 나라마다 무지개를 보는 방식과 문화가 달라서이다.

하나더!

무지개색을 빨강과 검정, 2가지로 느끼는 아프리카 부족도 있대.

초콜릿을 너무 많이 먹으면 코피가 난다?

진실일까, 거짓일까?

초콜릿을 먹었을 때 코가 근질근질했어. 아마 코피가 나는 성분이 들어 있는 것 같아.

진실 (O)

코피가 난다면 정말 큰일 이잖아. 그런 위험한 물건을 가게에서 팔 리가 없어.

거짓 (X)

거짓 X!

초콜릿을 너무 많이 먹으면 코피가 난다는 의학적인 근거는 없다. 옛날에는 초콜릿이 비쌌기 때문에 먹는 걸 참게 하려고 지어낸 말이라는 설이 있다. 다만 초콜릿에 들어 있는 폴리페놀은 혈액 순환을 좋게 하는 효과가 있으므로 조건이 맞으면 쉽게 코피가 날 수도 있다.

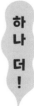

하나 더!

초콜릿을 가장 많이 먹는 나라는 스위스야. 우리나라의 17배 정도를 먹는대.

북극곰의 털은
흰색이 아니다?

흰 눈과 잘 어우러지지만,
흰색은 아니야. 코 주위도
검은빛인 걸 보면,
흰색 털이 아니야.

진실(O)

북극곰을 하얀 곰이라는
뜻으로 '백곰'이라고도
부르잖아. 당연히
흰색 털이야.

북극곰의 털을 한 올 한 올 살펴보면 투명하고, 속이 비어 있다. 그런데 빛이 털에 부딪혀 여러 방향으로 흩어지면서 우리 눈에는 하얗게 보이는 것이다. 실제로는 투명한 눈이나 구름이 하얗게 보이는 것과 비슷하다. 또한 털이 투명해서 햇빛을 그대로 피부로 전달할 수 있다.

하나 더!

털 아래의 피부는 검은색이야. 그래서 햇빛을 더 잘 흡수해.

백중에 수영하면
귀신이 다가온다?

백중은 음력 7월 15일로, 농사 일이 매우 바쁜 시기가 지나서 농민들이 여러 음식을 나누어 먹고 놀며 쉬는 날이다.

진실일까, 거짓일까?

백중 무렵에는 바다 근처에서 사고가 자주 난대. 물귀신이 나쁜 짓을 하는 게 분명해.

진실 (O)

백중에는 조상님의 영혼이 잠시 돌아온다고 알려졌지만, 그냥 미신일 거야.

거짓 (X)

거짓 X!

백중에는 바다에서 수영하지 못하도록 만들어낸 미신이다. 백중 무렵은 일 년 가운데 바닷물의 높이가 가장 높고, 바닷물의 흐름이 빨라지며, 바닷물이 차가워지는 등 사고가 날 위험이 커진다. 그런데 물에 빠졌던 사람이 무언가가 다리를 끌어당겼다고 착각해서 물귀신을 믿게 된 것이다.

하 나 더 !

백중에는 조상의 영혼이 집을 찾아온다고 생각해서 차례를 지내기도 했대.

사람의 영혼에도
무게가 있다?

삐!

21.0g

진실일까, 거짓일까?

지구의 모든 것이 무게가
있으니까, 당연히 영혼에도
무게가 있을 거야.

실제로 영혼이 있는지도
확실치 않은데, 무게 따위를
어떻게 잴 수 있겠어.

진실(O)

43

진실이면서 거짓, 세모 △!

1901년에 미국의 의사 덩컨 맥두걸이 죽음을 앞 둔 사람의 죽기 전과 죽은 뒤의 몸무게를 재 보 니, 죽은 뒤에 21그램 정도 가벼워졌다. 그래서 그 21그램이 몸에서 빠져나간 영혼의 무게라고 발표했지만, 난 한 사람의 결과이기 때문에 지금 으로서는 영혼의 무게를 알 수 없다.

고대 이집트 사람들은 한 사람이 6개의 영혼을 가진 다고 믿었대.

레몬의 신맛을 단맛으로
바꿔 주는 과일이 있다?

아주 달콤한 과일을 먹고 난 다음이라면, 레몬의 신맛이 약해질 거야.

레몬이 달콤하게 느껴지다니 말도 안 돼. 뭘 먹어도 레몬 맛은 변하지 않아.

진실 O!

신맛을 달콤하게 느끼게 하는 '미러클 프루트'라는 붉은 과일이 있다. 미러클 프루트에는 신맛을 단맛으로 바꿔 주는 '미라쿨린'이라는 성분이 들어 있어서, 먹으면 1시간 정도 신맛이 달콤하게 느껴진다. 물론 먹어도 몸에 해롭지 않기 때문에 안심하고 먹을 수 있다.

하나 더!

미러클 프루트를 먹어도 매운맛은 달게 느껴지지 않아.

밤에 휘파람을 불면
뱀이 나온다?

진실일까, 거짓일까?

휘파람이나 피리를 불어서
뱀을 조정하는 사람이 있어.
분명 뱀은 휘파람 소리에
반응할 거야.

진실(○)

뱀은 귀가 없잖아. 그러니까
소리를 들을 수 없어. 휘파람
소리를 듣고 나온다는
건 미신이야.

거짓(X)

거짓 X!

밤에 휘파람을 불면 이웃에 민폐를 끼치는 데다가, 옛날에는 도둑들이 나쁜 짓을 할 때 신호로 휘파람을 불었다고 한다. 그래서 뱀이 나온다고 겁을 줘서 아이들이 휘파람을 불지 못하게 한 것이다. 사실 뱀은 귀가 없어서 소리를 전혀 듣지 못하고, 대신 소리의 떨림만 느낀다.

하나 더!

밤에 손톱이나 발톱을 깎으면 귀신이 나온다는 미신도 있어.

오징어 먹물과 문어 먹물은
똑같다?

찌이이이익 찌이이익

진실일까, 거짓일까?

오징어와 문어는 다리 수가
다르지만, 많이 닮았어.
그러니까 먹물도 똑같을
거야.

진실 (○)

오징어와 문어는 서로 다른
생물이니까, 뿜어내는 먹물도
분명 다를 거야.

거짓 (✗)

거짓 X!

찌이이이익 찌이이익

오징어 먹물과 문어 먹물은 서로 다르다. 오징어 먹물은 끈적끈적해서 물속에서도 잘 뭉쳐지고, 문어 먹물은 끈적이지 않아서 아주 빨리 연기처럼 물속으로 퍼진다. 오징어는 먹물 덩어리를 자신으로 착각하게 해 적의 눈을 속이고, 문어는 먹물로 적의 눈 앞을 가리고 도망친다.

하나 더!

오징어와 문어의 먹물은 천적인 곰치의 후각과 미각을 둔하게 만든대.

물로 단단한 철을
자를 수 있다?

진실일까, 거짓일까?

세차게 솟구치는 물을 만지면
엄청난 힘이 느껴져. 힘이
세다면 철도 자를 것 같아.

진실 (O)

칼로도 자를 수 없는 단단한
철을, 흐물흐물한 액체인
물로 자른다는 건
말이 안 돼.

진실 이!

'워터 제트'라는 방법을 이용하면 물로 철을 자를 수 있다. 워터 제트는 연마재를 섞은 아주 높은 압력의 물을 좁은 구멍으로 세차게 뿜어내어 여러 가지 사물을 자르거나 다듬는 기술이다. 철 같은 금속뿐만 아니라, 고무나 유리도 깔끔하게 자를 수 있다.

하나더!

워터 제트는 아주 정교해서 우주선 부품을 만들 때도 쓰여.

네 가지 혈액형으로
성격을 알 수 있다?

진실일까, 거짓일까?

흔히 A형인 사람은 꼼꼼하고, O형인 사람은 대범한 성격이라고 하는데 맞는 것 같아.

진실(O)

사람이 얼마나 많은데, 성격을 겨우 네 가지 혈액형으로 나눈다는 건 말도 안 돼.

53

거짓 X!

혈액형에 따라 사람의 성격이 결정되거나 영향을 받는다는 주장은 과학적인 근거가 없다. 혈액형이 성격과 관련이 있다고 느끼는 것은 '바넘 효과' 때문이다. 바넘 효과는 누구에게나 해당하는 뻔한 말을 들어도 자신에게만 꼭 맞는 특별한 것이라 믿는 현상이다.

하나 더!

가장 희귀한 혈액형은 RH (-) AB형으로, 약 200명 중 1명꼴이야.

어느 것이 맞을까, 세계의 점?

점괘는 대길, 중길, 소길, 길, 말길, 흉, 대흉 순으로 운이 좋다.

아자아자!

대길 이다!

흉

대흉

번쩍

사람들은 재미 삼아 혈액형 점이나 별자리 점을 보곤 하는데, 세상에는 아주 다양한 점이 있다.

아주 먼 옛날에는 동물 뼈를 태우는 점이 있었다. 불에 탄 뼈에 생긴 금의 모양으로 운이 좋고 나쁨을 알아보고, 중요한 결정을 내렸다고 한다.

점을 좋아하지 않는 사람도 앞으로의 일을 미리 짐작하기 위해 점을 볼 때가 있고, 점을 믿고 의지하는 사람도 많다.

방학

12

일째

조사자

세모

(△)

나라마다 독특한 점이 많아.

커피 점
커피를 마시고 컵에 남은 커피 흔적을 보고 점치는 거야. 컵의 위쪽은 미래, 아래쪽은 과거를 나타낸다고 해.

작은 새 점
신비한 힘이 있다고 여겨지는 '문조'라는 작은 새에게 40장의 점괘 중 하나를 뽑게 해서 점치는 거야.

포춘쿠키
'포춘쿠키'라는 과자를 쪼개어 안에 들어 있는 종이쪽지에 적힌 운세를 보고 점치는 거야.

점은 앞으로의 행동에 대한 힌트일 뿐이니까, 나쁜 운세가 나왔다고 해서 실망하지 않아도 된다. 여러 가지 말을 들어도, 미래의 운명은 결국 자기 자신이 하기 나름이다.

옥수수 알갱이 개수와
옥수수수염 개수는 같다?

진실일까, 거짓일까?

옥수수수염이 많으니까,
옥수수 알갱이 개수와
비슷해 보여. 분명히
같은 개수일 거야.

진실 (◯)

옥수수 알갱이와 옥수수수염
모두 개수가 많지만,
둘 사이에는 아무 관계가
없는 것 같아.

진실 이!

옥수수수염은 꽃가루가 지나가는 길로, 씨방과 연결되어 있다. 꽃가루와 씨방 속의 밑씨가 만나면 열매가 만들어진다. 그래서 수염 하나에 알갱이 한 알이 맺힌다. 즉, 수염과 알갱이의 개수가 같다. 옥수수 1개에는 약 600개의 알갱이가 있으므로, 수염도 600개 정도 있는 셈이다.

하나 더 !

옥수수 알갱이의 전체 개수는 꼭 짝수 (2로 나누어 떨어지는 수) 야.

가위바위보를 할 때
'보'를 내면 이길 수 있다?

진실일까, 거짓일까?

간식을 걸고 가위바위보를
할 때, 보를 내면 이길 때가
많은 것 같아.

진실 (O)

가위바위보는 운에 맡기는
게임이야. 어떤 걸 내도
이길 확률은 같아.

거짓 (X)

진실 0!

2009년 일본 교수의 연구에 따르면 사람들은 가위바위보에서 바위(35%), 보(33.3%), 가위(31.7%) 순서로 많이 냈다. 처음에 바위나 보를 내는 사람이 많아서, 보를 내면 이기거나 비길 확률이 높은 것이다. 하지만 가위바위보를 많이 해본 사람은 처음에 '가위'를 많이 낸다고 한다.

하 나 더!

가위바위보는 순서나 술래를 정할 때, 편을 나눌 때 많이 해.

사람의 뇌는 전체가 아니라 일부만 일한다?

진실일까, 거짓일까?

사람은 평생 자기 뇌의
10분의 1밖에 쓰지 못한대.
뇌를 전부 쓴다면
시험도 쉬울 텐데.

진실(O)

우리가 생각하거나 몸을
움직일 수 있는 건 열심히
일하는 뇌 덕분이야.
놀고 있는 뇌는 없어.

거짓(X)

거짓 X!

뇌를 일부만 쓴다는 것은 거짓말이다. 사람은 뇌의 모든 부분을 쓰고 있다. 뇌는 부위에 따라서 보거나, 말하거나, 근육을 움직이는 등 서로 다른 기능을 맡고 있다. 한 번에 전체를 동시에 쓰는 것은 아니지만, 뇌에서 아무 일도 하지 않는 부분은 없다. 심지어 쉬지도 않고 일한다.

하나 더!

고대 이집트 사람들은 뇌를 그저 콧물만 만드는 기관으로 여겼대.

가위에 눌리는 것은
귀신 때문이다?

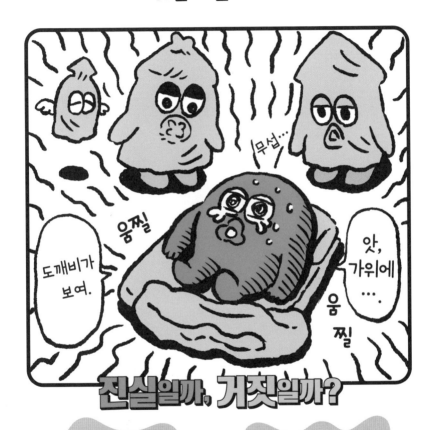

진실일까, 거짓일까?

자다가 몸을 전혀 움직일 수 없고, 이상한 것을 본 적이 있어. 분명히 초자연적인 현상이야.

진실 (O)

귀신 같은 건 이 세상에 없다고 생각해. 뭔가 몸에 이상이 생겨서 그렇게 된 걸 거야.

거짓 X!

'가위눌림'은 잠자는 동안 나타나는 마비 현상으로, 렘수면(얕은 잠) 상태에서 주로 일어난다. 렘수면일 때 뇌는 깨어 있지만, 몸은 잠이 든 상태여서 손발을 움직일 수가 없는 것이다. 또한 환각의 정체는 꿈이다. 자면서 기억 속의 풍경을 꿈속에서 보는 것뿐이다.

하나 더!

똑바로 눕지 않고 옆으로 누워서 자면 가위눌림을 줄일 수 있어.

드라큘라는
실제로 있었다?

진실일까, 거짓일까?

세상에는 피를 빨아 먹는
벌레나 동물이 있잖아.
그러니까 드라큘라도
있겠지.

진실 (O)

모기처럼 작지 않으면 피를
빨아 먹기 힘들어. 그러니까
드라큘라는 없을 거야.

거짓 (X)

진실이면서 거짓, 세모 △!

'드라큘라'는 소설 속에 나오는 흡혈귀인데, 15세기 루마니아에 살던 '블라드 3세'라는 사람을 본뜬 것이다. 블라드 3세는 아버지 때문에 악마의 아들을 뜻하는 '드라큘라'라는 별명이 있었다. 또한 잔인한 짓을 많이 해서 피를 빨지는 않지만, 흡혈귀의 본보기가 된 것이다.

하나 더!

'흡혈귀'는 사람이나 동물의 피를 빨아 먹는다는 전설 속 귀신이야.

땀에도
종류가 있다?

진실일까, 거짓일까?

목욕한 뒤에 나는 땀은
보송보송하지만, 긴장했을 때
나는 땀은 축축하고
끈적거려.

진실 (O)

땀에 종류가 있을 리 없어.
어떤 상황에서 흘려도 땀은
다 똑같을 거야.

거짓 (X)

땀은 3가지 종류가 있다. '온열성'은 더울 때나 운동할 때 체온을 낮추기 위해 온몸에서 나는 땀이다. '미각성'은 맵거나 신 음식을 먹을 때 코나 이마에 나는 땀이다. '정신성'은 놀라거나 긴장했을 때 겨드랑이나 손바닥, 발바닥에서 나는 땀으로 독특한 냄새가 나기도 한다.

하나더!

규칙적으로 운동하면 땀샘이 건강해져서 좋은 땀을 흘린대.

곰을 만났을 때
죽은 척하면 살 수 있다?

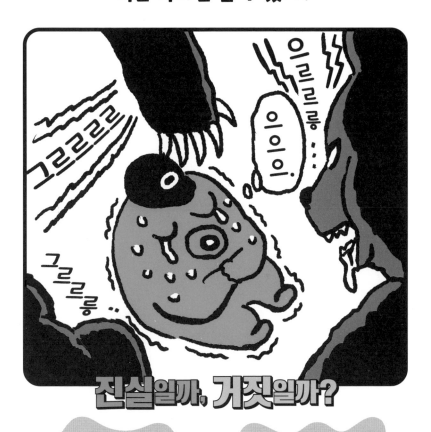

그르르르르

으르르릉…

으으으!

그르르릉…

진실일까, 거짓일까?

곰은 도망치면 쫓아온대.
그러니까 죽은 척하면
그냥 갈 것 같아.

진실(○)

죽은 척하면 곰에게는
아주 쉽게 얻을 수 있는
먹잇감으로 보일 거야.

곰은 죽은 동물도 먹으니까 죽은 척은 효과가 없
다. 옛날에 곰에게 공격당한 가족 가운데 자고 있
던 아기만 살아남았다는 이야기에서 시작된 뜬소
문이라고 한다. 곰은 등을 보이며 도망치면 자기
보다 약하다고 생각해 쫓아오기 때문에, 곰을 바
라보며 천천히 뒷걸음질로 도망치는 게 좋다.

곰은 나무를
아주 잘 타니
까, 절대 나
무 위로 도망
치면 안 돼.

칭찬받으면
머리가 좋아진다?

열심히 하는 모습이

대단해!

‥‥

토닥 토닥

진실일까, 거짓일까?

칭찬받으면 기분이 아주
좋아져서 공부도 더 열심히
하게 되니까, 머리도
훨씬 좋아질 거야.

진실 (○)

칭찬받으면 우쭐해져서
더는 노력하지 않으니까,
오히려 머리가 나빠질
수도 있어.

거짓 (○)

수수께끼 **26**의 답

진실이면서 거짓, **세모 △**!

칭찬받으면 뇌에서 행복과 만족을 느끼게 하는 '도파민'이라는 물질이 나온다. 그러면 집중력과 기억력이 높아져서 학습 능력이 좋아진다. 또한 "똑똑하구나." 처럼 지능을 칭찬받았을 때보다 "열심히 했구나." 처럼 노력을 칭찬받았을 때, 성적이 더 많이 올라간다는 연구 결과도 있다.

하 나 더 !

칭찬받으면 사랑과 행복을 느끼게 하는 '옥시토신' 호르몬도 나온대.

정수리를 꾹 누르면
배탈이 난다?

진실일까, 거짓일까?

정수리에는 배탈이 나게 하는
혈 자리가 있어서 누르면
배가 엄청 아파져.

정수리와 배는 꽤 멀리
떨어져 있어서 서로 영향을
줄 것 같지 않아.

진실(O)

거짓 X!

의학적인 근거가 없는 미신이지만, 위장은 마음의 영향을 받기 쉬워서 '정수리를 누르면 설사한다.'라는 암시에 따라 실제로 설사를 할 수도 있다. 사실 정수리에는 '백회혈'이라는 아주 중요한 혈 자리가 있어서 누르면 혈액 순환이 좋아지고, 두통이나 불면증 등 여러 병에 효과가 있다.

하나 더!

백회혈은 매우 위험한 급소라서 절대 함부로 누르면 안 돼.

수수께끼 28

벌에 두 번 쏘이면
죽는다?

엑스(X)

벌

진실일까, 거짓일까?

벌에 쏘이는 것만으로도
큰일인데, 독이 두 번이나
몸속으로 들어가면
죽을 거야.

진실 (O)

벌에 쏘여도 소독하면 나아.
그러니까 몇 번을 쏘여도
소독만 하면 괜찮아.

거짓 (X)

진실이면서 거짓, 세모 △!

벌에 쏘인 횟수와 상관없이 '아나필락시스 쇼크'를 일으키면 죽을 수도 있다. 아나필락시스 쇼크는 알레르기 반응 중 하나로, 벌의 독 때문에 몸속에 히스타민이 지나치게 많이 만들어져서 일어난다. 또한 벌에 처음 쏘였을 때보다 두 번째로 쏘였을 때 아나필락시스 쇼크가 더 잘 일어난다.

하나 더!

아나필락시스 쇼크가 일어나면 곧바로 '에피네프린' 주사를 맞아야 해.

주변에 독이 넘쳐나고 있다!

우리 주위에는 독이 많이 있다고 콩이 알려 주었다.

어른들이 자주 마시는 커피나 여러 종류의 에너지 음료에 들어 있는 '카페인'도 너무 많이 마시면 건강에 해롭다고 한다.

카페인은 많이 먹으면 심장이 두근거리고, 잠이 안 오며, 손이 떨릴 수 있다. 심지어 어린이가 마시면 두통이 생기거나 나른해지거나 불안한 기분이 들기도 한단다.

카페인이 들어 있는 음료는 어른이 된 뒤에 마시는 게 좋다.

방학 **15** 일째

조사자 **엑스 (X)**

77

무심코 먹으면 위험해!

수국잎
쌈이나 장아찌, 튀김 등 다양하게 요리해 먹는 '깻잎'과 닮았지만, 수국잎에는 독이 있어서 매우 위험해. 먹으면 토하거나 기절할 수도 있어.

뱀장어
피나 껍질에 독이 있어서 생으로 먹으면 몸이 마비될 수도 있어. 하지만 뜨겁게 하면 독이 없어지니까 굽거나 익혀 먹으면 안전해.

감자 싹
'솔라닌'이라는 독이 있어서 먹으면 설사나 두통을 일으켜. 우리가 감자 요리를 맛있게 먹을 수 있는 건 미리 싹을 잘라냈기 때문이야.

약도 너무 많이 먹으면 독이 된다. 그래서 감기약도 어른과 아이가 한 번에 먹어야 하는 양이 다르다. 제대로 잘 쓰면 약이 되고, 잘 못 쓰면 독이 되는 것이다.

방귀 소리로 대화하는
생물이 있다?

진실일까, 거짓일까?

방귀를 다양한 높낮이로
길거나 짧게 뀌면 대화도
할 수 있을 거야.

진실 (○)

일부러 방귀를 뀌지 않아도
얼마든지 다른 방법으로
대화할 수 있어.

거짓 (X)

진실 O!

청어는 언제나 무리를 지어 다니는데, 어두워서 서로의 모습을 볼 수 없는 밤이 되면 방귀 소리로 대화한다. 자신들만 들을 수 있는 방귀 소리로 서로의 위치를 알리는 거라고 한다. 또한 적이 다가올 때도 방귀 소리로 다른 청어에게 위험을 일린다고 한다.

하나 더!

청어의 방귀 소리를 적군의 잠수함 소리로 착각해 전쟁이 날 뻔했대.

다시마는 바닷속에서 살 때도
감칠맛이 우러난다?

다시마는 물에 담그면
감칠맛이 우러나니까
바닷속에서도 감칠맛이
우러나올 거야.

진실 (○)

바닷속에서 자라는 동안에
감칠맛이 우러나면 수확했을
때는 남은 게 없을 거야.

거짓 X!

다시마에 들어 있는 감칠맛 성분은 물에 잘 녹는다. 하지만 감칠맛 성분은 다시마에 꼭 필요한 영양분이기 때문에 살아 있는 동안에는 세포벽으로 막혀 밖으로 빠져나오지 않는다. 다시마를 말리거나 끓이면 세포벽이 부서지고, 물에 담갔을 때 감칠맛 성분이 우러나게 된다.

하나 더! 다시마를 너무 오래 끓이면 국물이 끈적해지고 떫은맛이 난대.

우유를 마시면
키가 큰다?

진실일까, 거짓일까?

우유에는 칼슘이 많아서
뼈를 튼튼하게 해 줘. 날마다
마시면 뼈가 자라서
키도 쑥쑥 클 거야.

진실 (O)

송아지는 날마다 우유를
먹지만, 아주 크지는 않아.
우유를 마신다고 꼭
키가 크는 건 아니야.

거짓 X!

우유에는 키가 크는 데 꼭 필요한 칼슘과 단백질이 많이 들어 있지만, 우유를 마시는 것만으로는 키가 크지 않는다. 키는 유전적인 영향이 크지만, 평소의 생활 습관도 중요하다. 키가 크려면 골고루 잘 먹고, 충분히 잘 자고, 꾸준히 운동하는 것이 도움이 된다.

하나 더!

나이가 들면 키가 줄어드는데, 40세부터 10년에 약 1cm씩 작아진대.

개는 냄새를 잘 맡으려고
코가 축축하다?

진실일까, 거짓일까?

개는 코를 자주 핥아.
코를 축축하게 적셔서 냄새를
잘 말으려는 거야.

진실 (○)

개는 혀가 길어서 코를
핥는 게 버릇일 거야. 냄새
맡는 거랑은 상관없어.

거짓 (✕)

진실 이!

건강한 개는 언제나 코가 축축하게 젖어 있다. 코 안쪽으로 흘러내린 눈물과 땀 성분의 끈적한 액체, 그리고 혀로 코를 핥을 때 묻은 침이 섞여서 코를 적신다. 코가 젖어 있으면 냄새를 훨씬 더 잘 맡을 수 있고, 더울 때 열을 몸 밖으로 내보내는 데도 도움이 된다.

하나 더!

개는 사람보다 냄새를 1억 배 정도 더 잘 맡는다고 해.

먹고 바로 누우면
소가 된다?

진실일까, 거짓일까?

옛날부터 전해 내려오는
이야기 중에 소로 변한 사람에
관한 이야기가 있어.

진실(O)

버릇없는 행동이니까 아이들이
하지 않도록 '소가 된다.'라고
겁을 준 거야.

거짓 X!

소가 된다는 것은 거짓말이다. 단지 버릇이 없으니까 하지 말라는 교훈이다. 또한 위액이 역류해서 속이 쓰리거나 소화가 안 되는 것을 막으려는 것이다. 소는 삼켰던 풀을 다시 게워 내어 씹는 되새김질을 하며 누워 있으므로, '밥을 먹고 누우면 소가 된다.'라는 말이 생긴 것이다.

하나 더!

소의 위는 혹위, 벌집위, 겹주름위, 주름위, 4개의 방으로 나뉘어 있대.

바다 동물이라도
익사할 수 있다?

진실일까, 거짓일까?

수영을 잘하는 사람도 있고,
서툰 사람도 있는 것처럼
수영이 서툰 바다 동물도
있을 거야.

진실 (O)

바다 동물은 사람과 다르게
물속에서도 숨을 쉴 수
있으니까 물에 빠져
죽지는 않을 거야.

진실 O!

바다 동물이라도 물속에서 숨이 막혀 죽을 수 있다. 물고기는 아가미를 다치면 물속의 산소를 빨아들이지 못해서 숨을 쉴 수 없다. 또한 아가미로 숨을 쉬려면 쉬지 않고 헤엄쳐야 하는 물고기도 있나. 게다가 거북이나 돌고래는 폐로 숨을 쉬어서, 물 위로 올라와 공기를 마셔야 산다.

하나 더!

바닷물고기는 강물에서 살지 못하고, 민물고기는 바닷물에서 살지 못해.

혈액형이 O형인 사람은
모기에 잘 물린다?

진실일까, 거짓일까?

O형의 피는 모든 혈액형의
사람에게 수혈할 수 있으니까
모기한테도 인기가
있을 거야.

진실 (O)

피의 맛은 똑같으니까,
모기에 더 잘 물리거나
덜 물리는 혈액형이
있을 리 없어.

진실이면서 거짓, 세모 △!

2004년의 연구 결과에 따르면, O형인 사람이 다른 혈액형의 사람보다 2배 가까이 모기에 더 많이 물렸다고 한다. 하지만 그 이유를 과학적으로 설명하지 못했다. 오히려 어떤 과학자들은 혈액형 때문이 아니라, 체온이 높고 땀을 많이 흘린 사람이 모기에 많이 물린 거라고도 한다.

하나 더!

모기는 진한 빨강이나 파랑, 검정 같은 어두운색을 좋아한대.

바나나 껍질을 밟으면
꽈당 넘어진다?

진실일까, 거짓일까?

바나나 껍질은 미끌미끌하니까
실수로 밟으면 미끄러져서
넘어질 수 있어.

진실 (O)

바나나 껍질을 밟았다고
넘어지지는 않아. 만화에서
재미있으려고
지어낸 거야.

거짓 (X)

93

진실 O!

주르륵

!!

바나나 껍질을 밟으면 그냥 바닥을 밟을 때보다 5~6배 정도 더 미끄럽다. 바나나 껍질 안쪽에는 미끌미끌한 액체가 든 아주 작은 알갱이가 꽉 차 있다. 껍질을 밟으면 이 알갱이들이 터지면서 안에 든 액체가 흘러나와 훨씬 잘 미끄러지게 된다. 다만 만화처럼 요란하게 넘어지지는 않는다.

하나 더!

오락용 자동차인 '고카트'가 미끄러지려면 바나나 껍질 100개가 필요해.

94

미역을 먹으면
머리카락이 빨리 자란다?

쑤욱쑥쑥쑥

냠냠냠냠

진실일까, 거짓일까?

미역에는 머리카락에 좋은
영양분이 많이 들어 있어.
당연히 머리카락을
빨리 자라게 할 거야.

진실 (O)

미역에 좋은 영양분이 많지만,
그렇다고 머리카락을 빨리
자라게 하지는 않아.

거짓 (X)

95

안타깝게도 미역을 먹으면 머리카락이 빨리 자란다는 확실한 증거는 아직 없다. 다만 미역이나 다시마 같은 해조류에 많이 들어 있는 요오드, 철, 칼슘, 비타민 등의 영양분은 머리카락을 더욱 건강하게 만들어 주고, 머리카락을 이루는 단백질을 만드는 데 도움을 준다.

하나 더!

사람마다 다르기는 하지만 대개 하루에 50~100개의 머리카락이 빠진대.

돌고래는 원래
땅에 살던 육상 생물이다?

진실일까, 거짓일까?

돌고래는 사람처럼 폐로 숨을
쉬고, 새끼를 낳아 젖을 먹여
키우니까 땅에서 살아도
이상하지 않아.

진실 (○)

돌고래는 다리도 없고, 땅에서
살기에는 불편한 몸이야.
처음부터 쭉 바다에서만
살아왔을 거야.

거짓 (×)

진실 이!

돌고래와 고래의 조상에 해당하는 생물은 네발로 육지에서 살았다. 그런데 먹이 부족 등 어떤 이유로 바다에서 살게 된 것이다. 바닷속 환경에 적응하면서 뒷다리는 퇴화해 흔적만 남고, 앞다리는 가슴지느러미로 진화했다. 그래서 가슴지느러미에 사람의 손처럼 손가락뼈 5개가 있다.

하나 더!

돌고래는 왼쪽 뇌와 오른쪽 뇌를 번갈아 가며 자서 한쪽 눈을 감고 헤엄친대.

스파이로 일하는 사람이
진짜 있다?

진실일까, 거짓일까?

영화에서처럼 진짜 스파이는
정체를 숨기고 여러 나라에
숨어들어서 활동하고
있을 거야.

진실 (O)

스파이는 소설이나 영화에서
상상으로 꾸며 낸 거야. 만약
진짜로 있다면 경찰이
바로 잡았을 거야.

거짓 (X)

진실 0!

스파이는 실제로 있다. 스파이란 상대편의 비밀 정보를 몰래 찾아 모으는 '첩보 활동'을 하는 사람을 말한다. 미국 중앙 정보국(CIA)에서는 엄격한 심사를 거쳐 스파이를 모집하고 있다. 주요 업무는 적의 정보를 몰래 알아내 알리거나, 적이 되는 상대 조직의 활동을 방해하는 것이다.

고구려 장수왕은 바둑을 잘 두는 승려 도림을 백제에 스파이로 보냈어.

이런 직업이 있었다니!

목표물을 쫓기 위해 옷을 바꿔 입으면서 몇 시간씩 미행할 때도 있다.

콩의 소개로 '탐정'이 하는 일을 자세히 알아보았다.

영화에서는 탐정이 큰 사건을 아주 쉽게 해결하는데, 실제로

는 정보를 알아내기 위해 여기저기 찾아다니며 묻거나 몰래

숨어서 지켜보는 등 아주 평범한 방법으로 여러 날 동안 수

사한다. 또한 길 잃은 고양이를 찾아주는 등 소소한 일을 전

문으로 하는 탐정도 있다. 어쩌면 보이지 않는 곳에서 사회

를 지탱하는 직업이 많은 것 같다.

방학 **19** 일째

조사자 **오** **(O)**

알려지지 않은 직업이 아직도 많이 있어.

게임 테스터
가능한 많은 방법으로 게임을 해 보며, 게임 속 오류나 문제점을 찾아내. 하루 종일 게임을 하느라 머리도, 눈도, 팔도 너무 피곤해.

운석 사냥꾼
운석이 떨어졌다는 소식을 들으면, 전 세계 어디든 가서 금속 탐지기나 자석으로 운석을 찾아. 운석을 발견하면 큰돈을 벌 수 있대.

병아리 감별사
정확하게는 '병아리 성 감별사'야. 갓 태어난 병아리의 항문 모양을 보고 암수를 가려내. 옛날에는 공식적인 자격시험도 있었대.

언뜻 보면 재미있을 것 같은 일도 남모를 어려움이 있는 것 같다. 일하고 싶다면, 많이 알려진 직업 말고 새로운 일을 시작해 보는 것도 좋을 것 같다.

인공 지능(AI)이 발전하면
사람이 일할 필요가 없다?

진실일까, 거짓일까?

인공 지능(AI)이 발전하면
사람이 하는 일을 거의 다
대신해 줄 거야.

진실 (○)

인공 지능(AI)이라도
완벽하지는 않으니까 여전히
사람이 확인해야 해.

거짓 (○)

진실이면서 거짓, 세모 △!

여러 연구에 따르면, 몇 년 안에 전 세계 일자리의 절반 정도가 인공 지능(AI)의 영향으로 사라질 수 있다고 한다. 그러나 모든 일을 완전히 대체하기는 힘들 거라고 한다. 아직은 인공 지능(AI)이 상상해서 새로운 것을 창조하거나 적은 정보를 가지고 일하는 것은 서툴기 때문이다.

하 나 더 !

사람의 지능보다 훨씬 더 뛰어난 초인공 지능(ASI)이 곧 나올 거래.

손가락을 뚝뚝 꺾으면
관절염이 생긴다?

진실일까, 거짓일까?

손가락을 뚝뚝 꺾으면 왠지
강해 보여. 아마 꺾는 만큼
손가락이 굵어질 거야.

손가락 관절에서 뚝뚝 소리가
난다고 해서 손가락이
굵어진다는 건 말도 안 돼.

진실 (ㅇ)

105

거짓 X!

의사 도널드 엉거가 손가락을 꺾으면 관절염이 생기는지를 알아봤다. 왼손 손가락은 날마다 2번씩 뚝뚝 꺾고, 오른손 손가락은 꺾지 않은 채 60년 동안 실험했다. 그 결과, 관절염도 생기지 않고 손가락도 굵어지지 않았다. 그는 이 연구로 2009년에 '이그 노벨상'을 받았다.

하나 더!

손가락을 자주 꺾으면 관절이 다친다는 연구 결과도 있으니까 조심해.

날지 못하는
새가 있다?

다 다 다 다 다 다 다 다 다

진실일까, 거짓일까?

아무리 새라도 무거우면
날 수 없고, 날 필요가
없으면 나는 능력도
사라질 거야.

진실 (○)

새에게는 날개가 있으니까,
당연히 날 수 있어. 만약
못 난다면 날개도
없어졌을 거야.

거짓 (✕)

진실 0!

다 다 다 다 다 다 다 다 다

나는 능력은 잃었지만, 그 대신에 빨리 달리거나 수영하는 능력을 얻은 새들이 있다. 예를 들면, 키위나 타조, 펭귄 등이다. 또한 닭이나 오리, 거위 등은 예전에는 날 수 있었지만, 사람에게 가축으로 길러지면서 날 필요가 없어져 지금은 날지 못하게 되었다.

하나 더!

타조는 날지는 못하지만, 시속 70km까지 아주 빠르게 달릴 수 있대.

가슴이 두근거리면
사랑에 빠진 것이다?

좋아하는 사람이 있으면
그 사람을 생각만 해도
가슴이 두근두근해.

사랑을 하면 고민이 많지만,
가슴이 두근거리는 것과는
상관없어.

진실 (ㅇ)

109

진실이면서 거짓, 세모 △!

가슴이 두근거리는 것만으로는 사랑에 빠졌는지 아닌지를 판단할 수 없다. 사랑에 빠지면 '아드레날린'이라는 호르몬이 나와서 심장이 빨리 뛰는데, 아드레날린은 긴장하거나 스릴을 느낄 때도 나오기 때문이다. 예를 들면, 롤러코스터를 탈 때도 아드레날린이 나와 가슴이 두근거린다.

하나 더!

사랑을 하면 뇌에서 '도파민'이라는 물질이 나와서 기분이 좋고 행복해진대.

태양은
주황색이다?

무슨 색으로 칠할 거야?

진실일까, 거짓일까?

책에서 태양 사진을 보면 주황색으로 타오르고 있었어. 석양도 주황색이잖아.

진실 (○)

태양을 직접 보면 위험해서 선글라스를 끼고 보니까 진짜 색깔은 못 봐.

거짓 (X)

거짓 X!

무슨 색으로
칠할 거야?

태양은 여러 가지 색의 빛을 동시에 내는데, 이
빛들이 섞여서 흰색을 띤다. 그런데 태양 빛은 공
기를 지나는 동안, 공기 속의 작은 알갱이들과 부
딪치면서 여러 방향으로 흩어진다. 붉은빛만 우
리 눈에 닿아 태양이 붉게 보이는 것이다. 공기가
없는 우주에서는 태양이 흰색으로 보인다.

하나
더!

태양은 죽을
때가 되면,
거대하게 부
풀어 오르면
서 붉은색으
로 변한대.

아주 고약한 냄새가 나는 꽃이 있다?

진실일까, 거짓일까?

꽃은 저마다 다른 냄새를 내니까, 분명 냄새가 고약한 꽃도 있을 거야.

진실 (○)

꽃에서 고약한 냄새가 나면 곤충들이 다가오지 않을 거야. 그럼 꽃이 손해잖아.

거짓 (○)

고기 썩는 냄새나 똥 냄새처럼 고약한 냄새를 풍겨서 곤충을 불러 모으는 꽃이 있다. 사람에게는 불쾌한 냄새이지만, 죽은 동물을 먹이로 하는 파리나 소똥구리, 송장벌레 같은 곤충에게는 맛있는 냄새인 셈이다. 냄새에 이끌려 찾아온 곤충들이 이리저리 돌아다니며 꽃가루를 옮겨 준다.

하나 더!

세상에서 가장 큰 꽃인 '자이언트라플레시아'는 고기 썩는 냄새가 난대.

메기가 요란하게 날뛰면 지진이 일어난다?

진실일까, 거짓일까?

메기는 감각이 뛰어나서 곧 지진이 일어날 걸 미리 알아채고 크게 날뛰는 거야.

진실 (O)

메기는 미리 지진을 알아채는 능력이 없어. 단지 아주 작은 흔들림을 느낄 뿐이야.

거짓 (X)

진실이면서 거짓, 세모 △!

흔들 흔들

메기의 이상 행동이 지진의 징조인지에 대해서는 아직도 연구 중으로 결론이 나지 않았다. 그런데 메기는 강바닥에 붙어서 살기 때문에 아주 약한 땅의 흔들림을 느끼고 날뛴다는 설이 있다. 또한 메기는 전기에 민감해서 지진이 나기 전에 생기는 전자파를 느낀다는 설도 있다.

하나 더!

일본에서는 지진을 막으려고 메기 그림을 걸어놓기도 했대.

욕실에서 부르면
노래 실력이 좋아진다?

진실일까, 거짓일까?

샤워하면서 노래하면 기분도
좋고, 소리도 잘 나와서
노래를 잘 부르게 돼.

진실(O)

욕실에서는 잘 불렀는데,
밖에서는 별로였어.
노래 실력이 좋아진
게 아니야.

거짓(O)

117

거짓 X!

욕실에서는 긴장이 풀리고, 습기가 많아서 목이 편안해진다. 목소리가 잘 나오니까 기분 좋게 노래할 수는 있지만, 노래 실력이 좋아지는 건 아니다. 욕실은 벽과 바닥이 타일로 되어 있어서 소리가 반사되고, 소리가 울려 풍성하게 들린다. 그래서 노래를 잘 부르는 것처럼 느끼는 것이다.

하나 더!

일본에서 시작된 '가라오케'가 우리나라로 전해져 '노래방'이 되었대.

신데렐라는 유리 구두를
신고 있지 않았다?

부디

……

진실일까, 거짓일까?

유리 구두를 신고 걸으면
금방 깨질 테니까 아마
다른 소재의 신발을
신었을 거야.

진실(O)

동화니까 분명 유리
구두를 신었을 거야.
유리 구두는 특별하고
더 낭만적이잖아.

거짓(X)

진실 O!

원작의 신데렐라는 털가죽으로 만든 신발을 신었다. 신데렐라 이야기는 나라마다 다양한 형태가 있는데, 프랑스 작가 페로의 작품이 가장 유명하다. 프랑스어 '털가죽(vair)'이 발음이 비슷한 '유리(verre)'로 잘못 전해지는 바람에 유리 구두로 널리 알려진 거라고 한다.

하나 더!

그림 형제가 쓴 『신데렐라』에서는 황금으로 만든 신발을 신었어.

코딱지는
병균 덩어리이다?

코딱지

진실일까, 거짓일까?

코딱지는 콧속으로 들어온
먼지나 찌꺼기 같은 거로
만들어졌어. 똥처럼
병균이 많아.

진실(○)

코딱지가 깨끗하지는 않지만,
병균 덩어리는 아니야. 콧속에
병균이 가득 있다면
기분 나쁠 것 같아.

진실 O!

코딱지

우리가 숨을 들이마시면 공기와 함께 먼지와 병균이 콧속으로 들어온다. 그러면 코털과 끈적끈적한 콧물이 먼지와 병균을 붙잡아 몸속으로 들어가지 못하게 막는다. 이렇게 콧물과 먼지, 병균이 섞여 말라붙은 것이 '코딱지'이다. 먼지가 많은 곳에서는 코딱지가 더 많이 생긴다.

하나 더!

콧구멍을 손가락으로 후비면 상처가 나서 병균이 들어갈 수 있어.

화장실보다 더 더러울 수도 있다!

딴짓하면서 음식을 먹으면 몸속에 병균이 들어가기 쉬워.

충격적이지만 세상에는 화장실보다 더 더러운 것이 의외로 많다. 또한 병균이 너무 많으면 병을 일으키지만, 병균이 적당히 있으면 몸의 면역력이 높아진다.

면역력을 기르려면 병균에 대한 경험이 필요하므로, 지나치게 깨끗하면 오히려 면역력이 떨어질 수도 있다고 한다.

그렇다고는 해도 언제나 깨끗하게 지내려고 마음먹고, 손 씻기, 양치질, 청소는 열심히 해야 한다.

방학 **23**일째

조사자 **엑스 (X)**

123

알수록 충격적인 병균 덩어리

스마트폰

얼핏 보기에는 깨끗하지만, 땀과 먼지, 얼룩 등이 묻어서 화장실 변기보다 10배 더 더럽다고 해. 자주 닦아 줘야 해.

입안

입안에는 500가지가 넘는 병균이 살아. 양치질을 해도 병균을 다 없앨 수는 없지만, 이를 꼼꼼하게 잘 닦으면 건강에는 문제가 없대.

청소 도구

걸레나 빗자루, 먼지떨이 같은 청소 도구도 병균이 많아. 쓰고 나서는 꼭 손을 씻고, 주기적으로 새것으로 바꿔야 해.

손을 잘 씻으면 병균을 없애서 여러 가지 병을 미리 막을 수 있다. 손바닥, 손가락 사이, 손톱 밑 등 구석구석 비누칠을 해서 흐르는 물에 깨끗하게 씻어야 한다.

감기는 남에게 옮기면
바로 낫는다?

진실일까, 거짓일까?

내 감기가 엄마에게 옮자마자,
금방 몸이 좋아져서 다 나은
적이 있어.

진실 (O)

감기가 다 나을 때쯤,
우연히 남에게 옮긴 건데
그래서 나았다고
착각하는 거야.

거짓 (X)

거짓 X!

감기가 낫는 것은 남에게 옮기는 것과 상관없다. 감기는 몸속의 면역 세포가 감기 바이러스를 물리치면 낫는다. 그런데 감기 바이러스가 몸속으로 들어오고 3~7일 정도 뒤에야 증상이 나타나므로, 감기가 낫는 시기와 다른 사람에게서 증상이 나타나는 시기가 겹치기 쉬운 것이다.

하나 더!

감기 바이러스는 200가지가 넘고, 계속 새로운 바이러스가 나타난대.

번데기 속은
흐물흐물한 액체이다?

진실일까, 거짓일까?

애벌레와 어른벌레는 모습이
전혀 달라. 한 번 녹았다가
어른벌레가 되는 거야.

진실(◯)

흐물흐물 녹아서
새로운 모습으로 되는 건
불가능해. 녹으면
죽을 테니까.

거짓(✕)

진실 O!

번데기가 되면 애벌레의 몸이 거의 다 녹아서 흐물흐물한 액체가 된다. 이때 어른벌레가 되었을 때 꼭 필요한 세포는 녹지 않고 그대로 남아 있다. 이 세포들이 빠르게 늘어나 어른벌레의 몸을 만드는데, 애벌레가 녹은 액체를 영양분으로 쓴다. 처음부터 다시 몸이 만들어지는 셈이다.

하나 더!

번데기에서 나온 어른벌레도 애벌레 때 경험한 것을 계속 기억한대.

게의 내장이라 부르는 건
사실 뇌이다?

이건
내장?
뇌?

진실일까, 거짓일까?

게는 몸의 한가운데가
머리일 것 같아. 그러니까
거기 있는 건 내장이
아니라 뇌야.

진실 (O)

게의 내장은 열은 갈색에다
걸쭉해서 뇌처럼 보이지만,
뇌와는 아무 상관 없어.

거짓 (X)

거짓 X!

이건
내장?
뇌?

게의 내장은 뇌가 아니다. 내장이라고 부르는 것은 간과 췌장을 하나로 합친 듯한 '중장선'이라는 소화 기관으로 영양가가 매우 높다. 생김새가 뇌와 비슷해서 착각할 수 있지만, 사실 게는 뇌가 없다. 사람의 뇌 역할을 하는 '신경절'이 눈과 눈 사이 중간에 아주 작게 있을 뿐이다.

하나더!

간장게장은 오직 우리나라에서만 만들어 먹는 음식이래.

빙수 시럽은
전부 같은 맛이다?

진실일까, 거짓일까?

시럽의 종류는 많지만,
사실 색깔과 향만 다를 뿐
맛은 모두 다 똑같아.

진실 (O)

실제로 먹어 봤을 때,
딸기 맛도 멜론 맛도
다 맛이 다른 것 같았어.

거짓 (X)

진실 O!

내 시럽이 무조건 맛있어.

시럽의 기본 재료는 다 똑같다. 향료와 색소로 향과 색깔만 다르게 했을 뿐이다. 같은 맛인데도 다르게 느끼는 것은 뇌의 착각 때문이다. 먼저 시럽의 색깔을 보면, 빨강은 딸기, 초록은 멜론이라고 생각한다. 거기에 그럴듯한 향이 더해져서 딸기 맛과 멜론 맛이 난다고 느끼는 것이다.

하 나 더 !

맛이 전혀 다른 녹차, 홍차, 우롱차도 모두 같은 찻잎으로 만든대.

사람이 죽는 원인 1위는
질병이다?

진실 O!

와!

와!

와!

와!

사람을 아프게 하자!

전 세계적으로 가장 많은 사망 원인은 질병이다. 2021년을 기준으로, 전 세계 사망 원인 1위는 허혈성 심장 질환이다. 또한 사망 원인 1위부터 10위까지가 모두 질병에 의한 것이다. 우리나라에서는 2023년을 기준으로, 사망 원인 1위가 암, 2위가 심장 질환, 3위가 폐렴이었다.

하나 더!

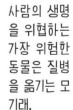

사람의 생명을 위협하는 가장 위험한 동물은 질병을 옮기는 모기래.

검은 고양이가 스쳐 지나가면
불행한 일이 생긴다?

진실일까, 거짓일까?

검은 고양이를 보면 왠지 싫은
느낌이야. 공포 영화에서도
나쁜 일이 생길 때 자주
나오잖아.

진실 (O)

검은 고양이를 키워도
나쁜 일이 생기지 않았어.
고양이 색깔과 불행은
상관이 없어.

거짓 (X)

135

거짓 X!

이크!

야옹?

?

고양이

오늘도 오늘도

검은 고양이가 스쳐 가면 불행해진다는 근거는 없다. 오히려 일본에서는 옛날부터 검은 고양이를 행운을 가져다주는 동물로 여겼다. 반면 서양에서는 검은 고양이를 마녀의 심부름꾼이나 마녀가 변신한 불길한 존재로 여겼다. 이런 나쁜 이미지가 널리 퍼져 불행의 상징이 된 것이다.

하나 더!

고대 이집트의 여신 '바스테트'는 검은 고양이의 얼굴을 하고 있대.

연어의 살은
분홍색이 아니다?

번쩍

두둥

진실일까, 거짓일까?

연어는 붉은 살인 참치와는
달리 흰살생선처럼 담백한
맛이 나. 그러니까 연어의
살은 흰색일 거야.

진실 (O)

연어는 날것일 때나 구웠을
때나 살이 다 분홍색이야.
몸 색깔이 갑자기
바뀌지는 않아.

거짓 (X)

진실 0!

연어는 원래 흰살생선이다. 연어의 살이 분홍색으로 보이는 것은 바다에서 자랄 때 먹는 먹이 때문이다. 먹이인 새우나 게에 들어 있는 '아스타크산틴'이라는 붉은색 색소가 몸에 쌓이고, 이 색소가 연어의 몸 색깔로 나타나서 '연어 핑크'라고 불리는 독특한 색을 띠는 것이다.

하나 더!

홍학도 주로 게나 새우를 먹어서 깃털이 분홍색을 띤대.

나이에 따라
잘 보이는 색이 다르다?

촌
스
러
워
!

색깔이
다를
뿐이잖아.

세모와
세모

세모와
세모

둘 다
촌스러워.

진실일까, 거짓일까?

할아버지의 물건은 이상한
색깔이 많아. 눈이 나빠져서
다른 색으로 보이는 거야.

진실 (O)

누가 봐도 빨간색은
빨간색이야. 사람에 따라 색이
달라 보이지는 않아.

거짓 (X)

우리 눈 속에는 렌즈 역할을 하는 '수정체'가 있다. 나이가 들면 수정체가 노랗게 변해서 파랑, 초록, 보라 같은 청색 계열의 색을 구분하기 어려워진다. 이 때문에 노인은 세상이 노란 필터를 씌운 것처럼 보여서 젊은 사람과 같은 색을 봐도 노르스름하게 느끼게 된다.

태어날 때부터 붉은색과 녹색, 청색과 황색을 구분하지 못하는 사람도 있대.

블루베리를 먹으면
눈이 좋아진다?

블루베리가 눈에 좋다는 말을 자주 들었어. 눈이 좋아지는 성분이 들어 있을 거야.

진실 (o)

단지 블루베리를 먹는 것만으로 눈이 좋아진다면 안경이 필요 없을 거야.

141

블루베리를 먹으면 시력이 좋아진다는 의학적인 근거는 없다. 사실 블루베리에는 눈 건강에 도움을 주는 안토시아닌과 비타민A 같은 성분이 많이 들어 있다. 그래서 블루베리를 먹으면 눈이 편안해지고 야맹증을 막는 데는 도움이 되지만, 나빠진 눈이 좋아지지는 않는다.

블루베리 열매는 포도처럼 껍질은 검푸르지만, 과육은 연둣빛이야.

142

몸집이 거대한 괴물은
지구에서 살 수 없다?

앗!

움직일 수가…

진실일까, 거짓일까?

괴물은 영화나 만화에서만
볼 수 있어. 지구에는
거대한 괴물이 살만한
곳이 없어.

진실(○)

지구에는 몸집이 큰 생물이
살고 있어. 옛날에는 공룡도
살았으니까, 괴물도 살 수
있을 거야.

거짓(X)

진실 O!

지구에 거대한 괴물이 살기는 어렵다. 공룡은 먹이가 충분해서 살 수 있었다. 그러나 몸집이 너무 커지면 몸무게를 지탱할 수 없고, 움직임이 둔해져서 결국 죽었다. 고래는 바닷속이니까 살 수 있다. 물 덕분에 몸무게를 지탱하지 않아도 되고, 먹이도 풍부하기 때문이다.

옛날에는 육상에서 가장 큰 포유류인 파라케라테리움이 살았어.

즐거운 시간은
눈 깜짝할 사이에 지나간다?

진실일까, 거짓일까?

수업은 좀처럼 끝나지 않는데, 놀 때는 눈 깜짝할 사이에 시간이 지나가 버려.

진실(○)

어떤 때라도 시간의 흐름은 변하지 않아. 즐겁든 아니든 그런 건 상관없어.

거짓(×)

145

진실 O!

즐거운 시간이 아주 빨리 지나가는 것처럼 느껴지는 건 사실이다. 시간은 언제나 똑같이 흐르지만, 집중력이나 나이, 경험 등에 따라 시간의 흐름에 대한 느낌이 달라진다. 사람은 뇌나 몸을 움직여 에너지를 많이 쓸수록 시간의 흐름을 더 빨리 느낀다고 한다.

하 나 더 !

어른이 되면 점점 더 시간이 빨리 지나가는 것처럼 느껴져.

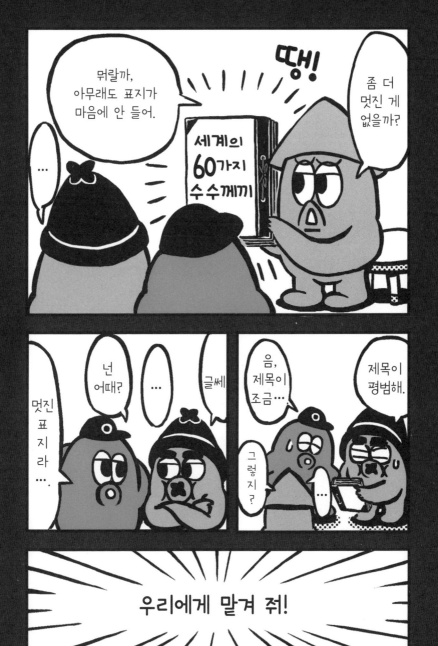

최~고!

최고야!

정말

이렇게

히히!

삼 형제의 용기와 노력으로

반짝 반짝

세계의 수수께끼

OX 퀴즈

이 책이 만들어졌어.

안녕!

축하해!

끝!

세계의 수수께끼
OX퀴즈

초판 1쇄 발행 2024년 11월 15일
글 거짓진실조사단 | 그림 타다 유키히로 | 옮김 김은주

펴낸이 도승철 | 펴낸곳 밝은미래
등록 2005년 5월 2일 (제105-14-87935호)
주소 경기도 파주시 회동길 349, 3층 | 전화 031-955-9550 | 팩스 031-955-9555
홈페이지 http://www.bmirae.com | 인스타그램 @balgeunmirae1
편집 송재우 | 디자인 권영진 | 마케팅 김경훈 | 경영지원 강정희
본문 편집 진행 조승현 | 본문 디자인 진행 장세진

ISBN 978-89-6546-711-3 73030

『世界のOX図鑑』（ウソホント調査隊）
SEKAINO OX ZUKAN
Copyright ⓒ 2024 by Uso Honto Chosatai
Original Japanese edition published by Bunkyosha Co., Ltd., Tokyo, Japan
Korean edition published by arrangement with Bunkyosha Co., Ltd.
through Japan Creative Agency Inc., Tokyo, and Danny Hong Agency, Seoul

※ 공통안전기준 표시사항
① 품명 : 도서 ② 제조자명 : 밝은미래 ③ 주소 : 경기도 파주시 회동길 349
④ 연락처 : 031-955-9550 ⑤ 최초 제조년월 : 2024년 11월 ⑥ 제조국 : 대한민국 ⑦ 사용연령 : 7세 이상